ÉTUDE PHILOSOPHIQUE

SUR LE

DROIT DE PUNIR.

LYON.

IMPRIMERIE TYPOGRAPHIQUE ET LITHOGRAPHIQUE
DE LOUIS PERRIN,

Rue d'Amboise, 6, quartier des Célestins.
—

ÉTUDE PHILOSOPHIQUE

DROIT DE PUNIR,

Par Alphonse Gilardin.

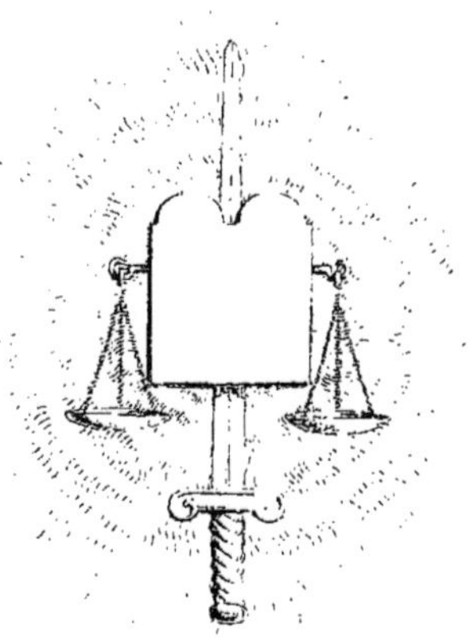

LYON,

CHAMBET AÎNÉ, LIBRAIRE ÉDITEUR,

Quai des Célestins.

1841.

ÉTUDE PHILOSOPHIQUE

SUR

LE DROIT DE PUNIR.

Salus populi suprema lex esto. (Cicer., *De Legib.*, lib. III, cap. III.) (A).

Qu'il y ait une justice absolue, chacun en porte en lui-même le témoignage.

C'est une vérité de sentiment, car nous éprouvons de la sympathie pour ce qui est juste, et pour ce qui est injuste de l'antipathie. C'est aussi une vérité de raisonnement, car la notion que nous avons de la justice atteste la réalité de son objet. C'est enfin une vérité d'expérience, car nous constatons dans l'histoire que les rapports de justice ont préexisté, chez tous les peuples, aux lois civiles qui n'en ont été que l'expression.

Le bien est ce qui est dans l'ordre, le mal ce qui s'en écarte.

La distinction du bien et du mal regarde la morale.

La différence dans leurs suites regarde la justice.

Le bien a pour suite sa paix propre.

Le mal, en se posant comme une séparation du bien, doit avoir pour suite la perte de la paix, la souffrance.

Il ne suffit pas à l'harmonie universelle que le mal, partout où il se montre, soit détruit : ceci ne serait que l'action de la toute-puissance divine. Dieu est juste au même titre qu'il est tout-puissant. Le mal, pour être détruit, doit être réparé : alors, la justice se place à côté de la toute-puissance.

La souffrance comme tenant à la nature du

mal, la réparation comme voie de la destruction du mal, tel est l'entrelacement mystérieux que l'on aperçoit, dès qu'on cherche à sonder le problème de la justice absolue.

Réparer, expier, souffrir, ces mots marquent dans toutes les langues le caractère vrai d'une peine. Du haut de sa croix, le Christ est l'emblème le plus expressif de la justice.

Dans les conditions de la justice absolue, nous ne pouvons donc imaginer un être moral qui a failli, sans affirmer en même temps que le mal auquel il s'est abandonné doit être suivi d'une souffrance et d'une réparation. Tout mal appellera une peine, et toute peine consistera dans une somme quelconque de souffrance.

Mais, que prouvent de semblables données?

Si ce n'est une véritable nécessité de punir,

Et une nécessité de punir dérivant de la justice absolue.

C'est par là que toute théorie sur le droit de punir doit commencer.

Nous verrons éclore le droit de punir, quand

4

nous serons descendus de ces hauteurs sacrées
de la philosophie, quand il ne s'agira plus de
scruter la justice absolue toute seule, quand
nous en viendrons à l'homme et aux sociétés
humaines, et que l'élément tout humain du droit
aura à se combiner avec des règles supérieures.
Jusqu'à présent, le droit de punir n'apparaît pas
encore. Nous trouvons une nécessité de punir
dérivant de la justice absolue: nous la trouvons
en Dieu, foyer de toutes les nécessités, essence
de toutes les perfections, nature souveraine
dont la justice n'est qu'un attribut parmi des
attributs infinis; et s'il ne saurait être question
à cet égard d'un droit de punir, c'est que dans
Dieu il ne peut y avoir ni droit ni devoir (termes
incompréhensibles), mais que l'office de punir
est inhérent à une nécessité même de sa nature
parfaite et infinie. En deux mots, dès qu'il y a
une justice absolue, il ne peut pas se faire que
l'être moral, coupable d'une faute, ne soit pas
puni, et la nécessité de punir est en Dieu. Voilà,
au début de nos recherches, ce qu'il y a de certain.

Maintenant, introduisons un terme nouveau dans la question. Occupons-nous de l'homme. Que va-t-il se passer, sous le rapport de la justice?

Je cherche si l'homme a naturellement sur son semblable le droit de punir.

Eh! d'où lui viendrait un pareil droit? On n'éprouverait pas un médiocre embarras à en assigner l'origine.

L'homme, être intelligent et moral, a des devoirs à remplir. Il en a envers Dieu, envers lui-même et envers ses semblables, et, à vrai dire, les devoirs de ces deux dernières catégories ne font que marquer des parties de son obligation naturelle et générale envers Dieu.

J'admets, si l'on veut, qu'il ait le droit d'exiger de ses semblables l'accomplissement des devoirs moraux dont tous les hommes sont tenus. Ce n'est pas que l'idée d'un droit précis à cet égard ne soit encore difficile à justifier et ne touche à un point sur lequel les moralistes et les philosophes, qui ont discouru de la loi naturelle, n'ont peut-être pas suffisamment porté leur attention. Toutefois, ce droit proprement dit que l'on attribuerait naturellement à l'homme vis-à-vis de ses semblables, je veux ne pas le contester.

Que s'ensuivra-t-il?

Que si un homme manque à l'accomplissement des devoirs naissant de la loi naturelle, un autre homme pourra invoquer la sanction que la justice fait dépendre de tout droit méconnu, de tout devoir violé, de toute faute commise.

Mais l'homme sera-t-il fondé à procurer lui-même cette sanction? se rendra-t-il de ses propres mains justice? ira-t-il jusqu'à faire justice de tous les torts dont personnellement il n'aurait pas eu à souffrir et qui auraient été subis par d'autres? s'arrogera-t-il de punir en toute rencontre le délinquant?

Je demande au nom de quoi il agirait ainsi.

Grotius dira que c'est au nom de la justice absolue.

Je répondrai à Grotius : Il est évident que l'homme n'a pas été établi juge ni vengeur de

la faute d'autrui, parce qu'aucune bonne raison
ne pourrait en être donnée, et parce que les raisons du contraire sautent aux yeux.

Ces raisons, les voici : c'est que l'homme n'a
pas vis-à-vis de son semblable, dont il est l'égal,
la supériorité du juge; c'est qu'avec l'imperfection de ses lumières, il ne pourrait, dans ce qu'on
appelle l'état de nature, remplir une mission de
justice qui fût d'une utilité quelconque; c'est
enfin que, si le premier venu pouvait se faire
juge et exercer le droit de punir, un second juge
pourrait aussi se déclarer qui contesterait l'opé-
ration du premier, et un troisième encore qui
reprendrait la tâche des deux autres, ainsi de
suite à titre égal de la part de tous, de manière
à amener, sous prétexte de justice, le conflit des
prétentions individuelles, l'absence de justice,
l'anarchie.

Pour peu qu'on y réfléchisse, on demeure
donc convaincu que l'homme n'a pas naturellement, à l'égard de l'homme, le droit de punir.
L'erreur de Grotius sur ce point est manifeste.

Observons de plus près les conditions du problème, nous verrons d'où le droit de punir peut
émaner.

Un homme viole sur un autre quelque obligation naturelle. Que fait-il? une action injuste.
Il faudra dès-lors une peine, pour que la justice
absolue soit satisfaite. Cette peine, qui la déter-
minera? Dieu. Qui la fera subir? encore Dieu ;
Dieu, toujours Dieu : car la justice absolue, dans
son essence ou dans son exercice, s'identifie
avec lui.

Mais n'entrevoit-on pas que nécessairement
Dieu a délégué une partie de sa justice aux sociétés humaines?

Il est impossible de récuser cette proposition,
quand on donne une attention réfléchie à l'élément de la sociabilité qui se trouve dans l'homme et au fait de l'existence des sociétés.

Si l'homme est un être sociable (ce sur quoi
l'on ne dispute plus aujourd'hui) (B), il n'y aurait que théorie fausse et qui le mutilerait dans
un de ses attributs essentiels, à le considérer à

part de l'état de société où il doit vivre ; et toute vue vraie sur la société est, par là même, d'une incontestable vérité par rapport à l'homme.

Analysons alors les sociétés.

La société est un certain ordre, puisqu'elle suppose un ensemble et des parties.

Une société composée d'hommes qui sont des êtres moraux ne peut être qu'un ordre moral.

Or, l'ordre moral n'est possible que par la justice, qui conserve les rapports moraux en réparant ce qui tend à les détruire.

La nécessité de la justice dans l'ordre universel se réfléchit ainsi dans l'ordre social.

Et comme Dieu, en voulant les sociétés, n'a pu vouloir la fin sans vouloir les moyens, ne doit-on pas rigoureusement en inférer qu'il a remis aux sociétés l'exercice de la justice qui était la condition indispensable de leur existence ?

Sondez le plus avant que vous le pourrez le fait de l'existence des sociétés, vous verrez que c'est sur une délibation divine que tout s'y organise. Qu'est-ce que la loi, sinon une expression de Dieu (C)? Qu'est-ce que le pouvoir, sinon une force qui vient de Dieu? Qu'est-ce enfin que la justice sociale, sinon une imitation de la justice absolue qui est l'attribut de Dieu?

On est donc fondé à conclure que Dieu a délégué aux sociétés humaines la partie qu'il fallait de sa justice, pour qu'elles maintinssent dans leur sein les rapports moraux sans lesquels le lien social ne pourrait exister.

Voilà qu'à propos des choses humaines s'est montrée la transformation humaine de la nécessité, le droit!

Le droit de punir est à présent défini. Il consiste dans la délégation faite aux sociétés d'une partie de la justice divine.

Ceci, c'est la vraie théorie de la justice d'accord avec la vraie théorie de la loi et la vraie théorie de la puissance. Le Christianisme est l'initiateur à cette grande vérité (D).

Du haut de cette conclusion, on voit déjà tout ce qu'ont d'insuffisant, d'étroit, de faux les doctrines par lesquelles les jurisconsultes et les publicistes ont tenté d'expliquer le droit de punir.

Comment croire avec Bentham que le principe de l'utilité produise le droit de punir? Le publiciste anglais oublie qu'il faut à tout droit une origine dans un rapport de justice, et que, si dans la justice il y a la plus grande utilité, c'est que l'utile procède du juste, mais non le juste de l'utile. L'utilité n'est qu'une propriété, la justice est un principe.

Comment dire avec Beccaria, suivi par Mably, Rousseau, Blackstone et Philipps, que le droit de punir se confond avec le droit de légitime défense, et que le corps social en est investi par une convention tacitement formée entre tous ses membres ? Se défendre est autre chose que punir : dans la défense on agit pour soi, dans la punition pour autrui; la défense est un acte de nécessité personnelle, particulière, qui a pour dernier terme de paralyser une attaque; la punition est un acte de nécessité générale qui a pour objet d'infliger une souffrance au moyen

de laquelle un mal sera réparé et la justice satisfaite. Quelle erreur donc de confondre ce qui en
soi est si différent! On a, d'ailleurs, tout dit du
mérite philosophique d'une méthode qui repose
sur la fiction d'une convention entre tous les
membres de la société. Et puis, est-ce que l'école
de Beccaria se trouve avoir remonté assez haut
et avoir gagné beaucoup en simplicité de principes, quand au droit de punir, qu'il s'agissait
de définir, elle a substitué la définition à donner
du droit de légitime défense?

Comment professer avec Grotius que le droit
naturel de punir appartient à chacun, et que ce
droit auquel tous les citoyens ont individuelle-
ment renoncé a passé dans des juges qui doivent
au pacte de la société leur institution? Vaine
et monstrueuse théorie, qui n'a d'autre défaut
que de transporter arbitrairement et souverainement à chaque homme l'apanage de Dieu!

Kant a approché du vrai en déclarant que le
droit de punir se puisait dans la seule justice.
Esprit trop amoureux de métaphysique pure, il

n'a péché que pour n'avoir pas distingué la justice absolue et la justice sociale, différentes dans leur but, différentes dans leurs moyens. La nécessité de punir se déduit sans contredit de la justice absolue, mais le droit de punir est subordonné aux conditions relatives de la justice sociale.

M. Rossi, inspiré par M. Guizot, a été plus heureux interprète encore du vrai, lorsqu'il a placé la source du droit de punir dans la loi morale ou la justice, et qu'il a mis au nombre des obligations de l'homme de ne rien faire d'attentatoire à l'existence de la société pour laquelle il a été créé. Des vues portant une abondante empreinte de vérité remplissent le livre de ce publiciste; mais la seconde partie de son système tient à la première par un nœud qui n'est pas suffisamment justifié, et il y a ce vice à relever dans le développement du système tout entier, que ce n'est pas un seul principe qui s'y suffit à lui-même.

D'autres écrivains enfin , MM. de Pastoret ,

Charles Comte et Charles Lucas, se sont avan-
cés plus que tous les autres dans cette voie
philosophique. L'observation fort exacte que
l'homme a été appelé par la loi naturelle à vivre
en état de société, est devenue le point d'appui
de leur théorie. Ils ont admis une force collective préposée à la conservation de l'existence
sociale, et combinant cette donnée avec celle
de la loi morale ou de la justice, ils sont arrivés
à renfermer dans ces prémisses la définition du
droit de punir. Leur doctrine toutefois est dé-
fectueuse comme la précédente, en ce qu'elle
n'assied pas sa base sur un principe unique.
La vérité à laquelle cette doctrine touchait,
c'est que les sociétés, par la loi même de leur
existence et en vertu du principe élémentaire
de tout ordre, ne peuvent se passer de justice ;
de là, une prédestination divine qui a voulu
que la justice y fût exercée ; de là, un droit social de punir. Scintillante et mal aperçue, la
vérité n'a laissé dans l'esprit des écrivains dont
je parle que l'idée vague d'une force collective

qui agirait dans un but de défense pareil à celui
indiqué par Beccaria, et dès-lors, cette théorie
dite de la *défense indirecte* a dû rencontrer
à peu près les mêmes objections que celles
contre lesquelles la théorie du publiciste mila-
nais était venue se briser.

La revue critique des différents systèmes ne fait
ainsi que rejaillir de plus resplendissants rayons
sur la conclusion à laquelle nous étions parve-
nus. Dans le rapprochement on a pu voir se prononcer mieux, par l'énergie particulière du con-
traste, ce que les autres doctrines ont de faux,
ce que la nôtre a de réel. Le droit de punir
attribué aux sociétés par une délégation nécessaire de la justice divine, tel est bien le chaînon
sacré qui rattache l'ordre social à l'ordre absolu.

Mais cette conclusion n'est encore qu'ébau-
chée, et elle attend des détcrminations plus
exactes. Le philosophe particularise les aspects
d'un principe, comme l'artiste taille les faces
d'un diamant.

Si le droit de punir consiste dans la délégation d'une partie de la justice divine, quelle sera cette partie déléguée ? comment la limiter, comment la fixer ?

La limitation s'en fait en vertu d'une idée très simple.

On comprend quelle vaste partie de la justice n'a pu entrer dans la délégation, et a dû rester dans la main de Dieu. L'imperfection humaine ne comportait pas une pleine délégation de la justice absolue : car, outre que les hommes ne sauraient avoir le discernement d'un juge infaillible, la société n'a pas en son pouvoir tous les moyens d'expiation réclamés par la diversité infinie des cas qui peuvent constituer des fautes, et un grand nombre d'infractions à la loi morale se dérobent à tout jugement humain dans les profondeurs inexplorables des cœurs. Dieu s'est donc réservé, par suite de l'impossibilité même que sa perfection se communiquât à des êtres imparfaits, la plus grande, la meilleure partie de la justice, celle qui satisfait aux conditions de l'ordre universel reposant sur le bien et troublé par le mal, celle qui a ici-bas pour premier organe de ses décisions le remords , et qui porte sur le champ sombre de l'éternité le théâtre de son action inconnue.

Comme on le voit , les sociétés ne peuvent être dépositaires de toute cette immense portion de la justice , qui est inaliénable dans la main de Dieu. Leur justice, à elles , n'aura pas pour objet le maintien de l'ordre universel , ou du moins elle n'aura à garantir cet ordre que dans celle de ses parties qui se rapporte à l'existence sociale.Cette justice s'exercera uniquement pour conserver l'ordre dans la société. Ce sera là son but, son but étroit et distinct. Une autre justice se désunira du sein de la justice absolue, comme le particulier se sépare du général. La justice sociale sera ainsi constituée , et la délégation que Dieu en aura faite aux sociétés pourvoira simplement à la protection des rapports sociaux. Or, ce but de la délégation en marque précisément les limites.

Il n'y aura du ressort de la justice sociale
que ce qui menacera véritablement le lien de
la société. Les sociétés auront le droit de punir
tout ce qui portera atteinte aux rapports en
vertu desquels elles subsistent : elles le puniront, parce qu'une peine est la condition répa-
ratrice de tout ordre violé ; elles le puniront,
parce qu'elles rempliront ainsi une des nécessités de l'ordre universel ; il faudra bien qu'elles
le punissent , sans quoi elles ne pourraient
exister. De cette transformation humaine de la
nécessité, sera né le droit; mais la justice absolue dominera une pareille justice, qui n'est que
subordonnée et qui ne fait que s'adresser à un
but inférieur ; et , de plus, elle aura dans son
domaine exclusif, où la justice sociale ne saurait
pénétrer, la multitude innombrable des actions
qui, sans porter essentiellement atteinte à l'organisation de la société, contiennent plus ou
moins de mal , blessent d'une manière plus ou
moins grave la loi morale.

Me ferait-on ici cette objection que toutes les

fautes attentent de loin ou de près à l'existence sociale, en dérangeant un des rapports moraux sur lesquels l'ordre moral de la société se fonde, et qu'entre les atteintes légères qui seraient à négliger et celles qui plus importantes légitimeraient l'exercice du droit de punir, la ligne n'est pas clairement tracée ? Je répondrais que, pour un but relatif comme celui de la justice sociale, il n'y a point à s'étonner d'une mesure de relation, n'offrant pas le caractère tranché d'une règle absolue. Je répondrais encore que l'objection serait commune à toutes les théories sur le droit de punir, puisque dans toutes, dans celle de Bentham comme dans celle de Beccaria et dans toutes les autres, on se garde d'aller jusqu'à dire que le droit de punir, au moyen des peines dont la société dispose, s'étende aux violations les plus légères de la loi morale; et je ferais observer que, par cela seul que l'objection est commune à toutes les théories possibles, elle n'est juste pour aucune. Je répondrais enfin qu'une théorie du droit de punir ne

supprime pas le législateur, que c'est à la sagesse de celui-ci qu'il appartient de discerner
ce qui menace d'une manière plus essentielle
l'existence de la société, et d'en composer des
classes de délits, et que, si à cet égard le législateur se trompe, s'il fait une mauvaise loi au lieu
d'une bonne, son erreur ne peut rien prouver
contre la nature du droit de punir.

Ces considérations viennent de nous mettre
sur la voie d'une définition complète. Nous sa-
vons maintenant ce qui en est du droit de punir : il consiste dans une délégation que Dieu a
faite aux sociétés d'une partie de sa justice, et
il a pour objet de réprimer toutes les actions
vraiment dommageables à l'existence régulière
des sociétés.

Développons encore ceci.

Aucune difficulté ne se montre quand l'action
qu'il s'agit de châtier par l'appareil de la justice
sociale est mauvaise, selon le témoignage immédiat de la conscience, et recèle caractéristique-
ment un mal moral d'où résulte pour la société

son danger. Par exemple, les délits contre les personnes, non-seulement ceux qui emportent l'idée d'une violence physique dont nous éprouverions le choc, mais encore ceux qui nous attaquent dans notre vie morale, comme l'injure et la calomnie. Par exemple aussi les délits qui se lient à l'emploi de quelque fraude contre laquelle l'instinct de l'honnête se révolte , comme les abus de confiance, comme l'escroquerie. La conscience donne sans délibérer une sanction à la peine dont les auteurs de semblables actions sont frappés; cette peine est juste pour tout le monde, parce que c'est au mal moral qu'on la voit manifestement adressée. Il n'est personne qui songe à contester un châtiment tombant sur le meurtrier, le calomniateur, l'escroc, ou sur ceux qui, en quelque manière que ce soit et dans toutes les nuances possibles de la criminalité, commettent un mal moral direct, sensible au premier examen, et constituant pour la société une véritable alarme. La justice sociale semble ne faire en pareil cas que prendre les devants sur la justice absolue, et elle agit à un titre de délégation si ostensible, si hautement démontré que, par une acclamation générale , nous applaudissons tous à son exercice.

La difficulté ne surgit que quand il s'agit d'une action dont on voit le caractère nuisible et dont on ne voit pas la nature mauvaise, d'une action où le mal social est à découvert et le mal moral caché.

Quelques perplexités alors viennent assaillir l'esprit, et le jugement s'inquiète avant de s'asseoir. Car, d'une part, comment serait-il conforme à la justice de punir , sans un mal moral à atteindre? D'autre part, comment laisser la société désarmée vis-à-vis de pressants périls, et tout ordre y être exposé au bouleversement par l'impunité du mal social ?

Une vue fondamentale détruit ces divergentes raisons d'incertitude.

C'est que le mal social ne va jamais seul, et que toujours, à quelque degré, le mal moral l'accompagne. Il n'est pas permis à l'individu de causer du mal à la société : la loi morale elle-même le lui défend. Nuire à la société, c'est blesser un ensemble de rapports moraux, puisque la société n'est pas autre chose. Comment une pareille action pourrait-elle être innocente? Que le mal social n'embarrasse donc pas ceux qui, n'apercevant que lui, hésitent à y trouver un objet légitime du droit de punir. S'ils hésitent, c'est parce qu'ils n'ont pas su voir le mal moral mêlé au mal social, et que, sous ce rapport, leur regard est resté dupe des superficies; mais, au fond, il n'y a pas à s'y tromper. Le mal social et le mal moral sont inséparables, par cette raison souverainement vraie, qu'en troublant la société, c'est à une perturbation de rapports moraux que le mal social aboutit. Nul ne peut par conséquent porter dommage à la société, sans enfreindre du même coup la loi morale. Pour peu qu'on sache suivre par une clair-voyante analyse la production du mal social, on trouve aisément à justifier *à posteriori* par les données d'observation la décision *à priori* qui vient d'être émise.

Faisons-nous hardiment, à ce sujet, nos exemples : la raison n'a pas peur de son ombre.

Je vais parler du vol.

C'est assurément un mal social considérable que celui qui résulte du vol dans des sociétés fondées comme les nôtres sur le principe de la propriété, où presque tous ont pour stimulant de leur travail la propriété à acquérir, et avec elle le bien-être qui peut tenir à la satisfaction des goûts, facilitée par toutes sortes d'échanges. Voler, c'est attenter gravement à l'ordre de nos sociétés. Le vol renferme un mal social immense.

Mais est-il bien sûr que directement, de toute nécessité, en lui-même, dans tous les cas, le vol constitue un mal moral? Cela ne peut, à mon avis, s'admettre, du moment que l'on reconnaît, comme il n'est guère possible à tout esprit un peu philosophique d'en douter, que la propriété est d'institution civile. Car, blesser une institution civile, ce ne serait que blesser une chose de convention, et il semblerait plus que difficile de résoudre une action pareille dans les termes d'une infraction directe et essentielle à la loi morale. Je comprends très nettement que celui qui me dérobe un fruit que j'ai cueilli, que je tiens, que je me suis ainsi approprié par une appréhension positive et que je vais faire servir à satisfaire ma faim, commet une action tout-à-fait contraire à la morale. Je comprends que la loi morale est encore blessée, quand un champ que j'ai cultivé et qui devra sa fécondation à mon travail, est envahi par autrui. Ce que je ne puis comprendre de même, c'est que le caractère de réprobation morale s'attache aussi à l'action de celui qui, sur le point de manquer du nécessaire, aura enlevé à un autre une légère prélibation de son superflu, ou au fait de Paul qui aura cru pouvoir s'adjuger de ses mains l'objet de quelque équitable restitution sur Pierre. Ce que je ne comprendrais pas surtout, c'est que le vol impliquât par sa nature et nécessairement une violation de la loi morale, quand des sociétés ont pu se former sur l'abolition du principe de la propriété individuelle. Je ne trouve donc pas qu'en lui-même , et par une suite nécessaire de la nature des choses, le vol, dans tous les cas , s'empreigne de mal moral (E).

Voyez-le cependant attaquer médiatement les rapports moraux existants dans la société, et vous comprendrez comment il n'est un mal social que parce qu'il enchaîne redoutablement les plus grandes perturbations morales à ses conséquences. Est-ce que quelqu'un , dans l'état actuel de nos sociétés, pourrait compter sur le moindre des avantages que la vie sociale procure, si le vol restait impuni? Que deviendrait une société basée sur le principe de la propriété, du moment qu'on y tolérerait le vol? Il est évident que l'ordre social serait constitué tout entier sur une contradiction et une folie. D'une part, le principe de la propriété donnerait sa forme à l'organisation sociale; d'autre part, la liberté du vol emporterait négation de ce principe. Ce serait la lutte au lieu de l'harmonie, ce serait la discorde des éléments, ce serait la dissolution du lien social, ce serait le chaos. Tous les rapports moraux seraient à la fois compromis : la guerre s'allumerait entre le déprédateur et celui qui possède; le travail ne serait plus que le rôle des dupes, quand la rapine irait plus droit et plus vite au même but; les familles perdraient la sécurité des possessions, sans laquelle elles ne peuvent acquitter la dette de l'âge envers la vieillesse et l'enfance; les contrats cesseraient, par l'inutilité qu'il y aurait à contracter. Partout régneraient subrepticement la ruse et insolemment la force. Ces traits ne font que peindre, par une esquisse trop incomplète et trop affaiblie, l'état d'une société qui, assise sur le principe de la propriété, y joindrait la stupide inconséquence de tolérer le vol. On voit que tout y marcherait à la subversion des rapports moraux. Le vol a donc dans nos sociétés cet effet de miner leur principe, d'ébranler l'ensemble des rapports moraux qui y sont établis, et de tendre à réaliser par là, dans une proportion immense, le mal moral mélangé avec le mal social. C'est une vérité claire. Si une exacte philosophie défend de prêter, dans tous les cas, la couleur du mal moral absolu à l'acte par lequel un homme ravit une chose momentanément placée en la possession d'autrui, un coup d'œil jeté sur l'organisation des sociétés nous apprend du moins bien vite que cet acte contient toujours, dans la virtualité de ses effets, un mal social dont la formule ne peut se traduire autrement que par celle du mal moral lui-même, à savoir, la perturbation de rapports moraux.

Considérez bien ce sujet.

Pourquoi vouons-nous tant de réprobation au vol? Ce n'est pas parce qu'il est le plus immoral, c'est parce qu'il est le plus anti-social des délits. Un instinct fort juste nous avertit qu'avec le vol la société est menacée dans son principe, et que, par suite, tout l'ordre moral y périclite. Nous ne doutons pas qu'il ne soit légitime de punir le vol, non que nous nous expli-

quions toujours bien son opposition à la loi naturelle, mais le jugeant toujours par la nocuité
de ses effets.

Ce à quoi je voulais en venir par tout ce qui
précède, ce qu'il importe de considérer, ce qui
donne à cette doctrine son couronnement, c'est
qu'en dernière analyse le droit de punir n'a pas
d'autre objet que LE MAL SOCIAL (F).

Si j'ai défini toute peine une somme de souffrance, je suis arrivé à définir tout délit une
somme de mal social.

Une pareille doctrine a au moins l'avantage
de ne pas boiter sur plusieurs principes : elle
tire tout par une déduction logique d'un seul
principe, et l'unité est le sceau de sa justesse.
Examinez. J'ai montré que par une nécessité de
l'ordre dans les sociétés, et à titre de délégation
de Dieu, c'était un droit social que l'office de
punir. Ce droit social s'exercera contre le mal
social. Rien de plus conséquent que d'armer
généralement le droit de punir contre le mal
dont la société souffre, puisque nous avons vu

que ce droit, qui n'avait qu'une fin relative à la société, était issu de la nécessité d'y entretenir l'ordre. Point de distinction à faire après cela du mal moral et du mal social, comme s'y sont arrêtés à tort M. Rossi et les autres écrivains modernes qui ont erré par là dans tout leur système, le mal social étant évidemment le seul que la société puisse avoir le droit de punir, et ce mal renfermant toujours du mal moral par une inclusion nécessaire.

Remarquez bien en effet, car ceci est l'âme de toute la doctrine que j'expose, la différence profonde, et j'oserai presque dire radicale, qui sépare la justice sociale de la justice absolue.

Quel est l'objet de la justice absolue? C'est quelque chose d'absolu aussi. La justice absolue procure le triomphe universel du bien et la condamnation universelle du mal; elle roule tout entière entre ces deux notions du bien et du mal, poussées à la dernière sommité de leur puissance intelligible; elle applique à tous les actes quelconques sa règle, avec une constante infaillibilité; elle est parfaite en un mot, et elle procède par des moyens, elle s'assigne un but qui participent de sa perfection. Le géomètre la révère comme une exacte mathématique des actions des êtres moraux, le poëte l'imagine comme une mesure harmonieuse de la création, le mystique l'adore comme un mode d'exister de la substance divine. En elle point d'ombre, de tache, de défection d'elle-même, de condition du fini; rien que ces reflets miraculeux de l'infini et de l'absolu, dont nos trop débiles paupières sont offensées.

Quel est, au contraire, l'objet de la justice sociale? C'est de maintenir l'ordre dans la société; c'est quelque chose de social, d'humain, d'analogue à l'homme, de formé sur la matrice de son imperfection : il ne s'agit plus de l'absolu, il s'agit du contingent, du relatif, du borné, du fini. Car, soyez-en convaincus, n'allez pas pervertir sur ce point votre intelligence par une interprétation évidemment impie des plans divins : Dieu s'est réservé de juger l'homme au tabernacle d'une éternelle et incorruptible justice, et il n'a abandonné aux juges de la terre qu'une œuvre inférieure. La justice sociale, constituée dans cette condition d'infériorité, vise tout simplement à conserver l'existence sociale, à régulariser les rapports individuels au profit de l'ensemble, à empêcher que la société, force collective, ne se dissolve par l'effet des forces particulières, à faire en sorte que l'homme exerce les évolutions de sa destinée dans le milieu pour lequel il a été créé. C'est là le point qu'il ne faut pas perdre de vue. Il n'y a pas une justice sociale exprès pour dispenser aux hommes la règle du bien et du mal, et châtier les volontés criminelles : ceci regarde Dieu, dont la justice sonde les reins du méchant et peut seule agir sans se tromper. Il y a une justice sociale uniquement pour protéger la société et maintenir l'homme dans cet état spécial d'existence auquel l'appelle son origine. Mais, la société, ne voit-on pas de combien de faits multiples et variés, sur le théâtre sans cesse mobile de l'histoire, elle est le résultat? Ne voit-on pas que, pour construire les ouvrages qui préserveront ce corps de place, il faudra, tout en obéissant à des principes certains sans lesquels aucune science de tactique n'existerait, prendre conseil de la situation des lieux, suivre les pentes capricieuses et bizarres du terrain, accepter de la topographie ce qui en est inévitable, et tout ordonner pour le mieux dans l'intérêt d'un plan général ici favorisé, là contrarié par des circonstances préexistantes? Comment pourrait-il se faire que la vie sociale, fruit d'un nombre incalculable de phénomènes particuliers dus aux déterminations de la libre volonté de l'homme, fût dans un pays ce qu'elle est dans un autre, et partout différente eût partout à se conserver par les mêmes moyens? Est-ce que les mœurs d'un peuple, sous l'empire de toutes les causes qui les créent ou les modifient, telles que le site géographique, le climat, le principe des races, le drame de l'histoire, le développement de la religion, de l'art et de la science, le dégagement successif de la législation , ne lui composent pas une manière d'exister particulière qui a besoin de conditions particulières aussi de préservation ? Et s'il est vrai que dans la formation d'une société il y ait toujours un élément fixe , parce qu'il y a des principes constituants sans lesquels aucun ordre moral ne peut s'établir, en sorte que la règle du bien et du mal domine nécessairement toutes les institutions sociales quelconques , et que la justice organisée ici présente toujours un fond de ressemblance avec la justice organisée ailleurs , autour de cet élément fixe ne se groupe-t-il pas une variété assez considérable d'autres élements , pour donner à toutes les sociétés éparses sur la surface du globe une diversité très réelle ? L'histoire, au surplus , permet-elle un démenti sur ce point ? Quel serait le publiciste assez insensé pour vouloir transporter tout-à-coup à un peuple les institutions d'un autre, et confondre dans une brusque promiscuité, en tous lieux, ce qui tient à la vie sociale? A l'élément fixe, c'est-à-dire à

l'éternelle distinction du bien et du mal, sa part; à l'élément différentiel, c'est-à-dire à la puissance des faits particuliers et à la tradition, il faut aussi la sienne : c'est sous cette double loi que dans toute société les rapports sociaux s'ordonnent. Il en résulte pour toute société une existence spéciale, tirée des conditions du complexe, du concret, du relatif, du contingent, du fini; et comme la justice sociale a pour objet de soutenir l'ordre suivant lequel se comporte la société ainsi faite, il est évident qu'elle sera soumise elle-même à l'irrémédiable condition du relatif, du contingent, du fini (G).

Alors il ne faut pas craindre de tirer cette conséquence si grave à la fois et si certaine, que la justice sociale doit différer d'un peuple à un autre, que le droit de punir tombera fort légitimement dans une société sur des actions qui dans une autre société seraient innocentes.

Tout, en cette matière, dépendra de convenances relatives qui auront été appréciées par le législateur. Le législateur voit juste ou il se

trompe, mais il est certainement le maître d'apprécier par quel contre-fort de récompenses ou
de peines le lien social doit être défendu, et il
suffit en définitive à l'exercice légitime du droit
de punir que l'action punie blesse les intérêts
du corps social.

C'est pour avoir méconnu cette grande et
fondamentale vérité que les publicistes modernes qui ont traité cette question, et principalement M. Rossi, ont construit des théories
fausses. On ne fait que se lancer dans une voie
stérile, au bout de laquelle toute logique se dé-
sespère et finit par l'inconséquence, en disant
avec Kant que le droit de punir dérive de la
justice absolue, avec M. Rossi que le droit de
punir suppose avant tout une action immorale.
Ces publicistes veulent-ils dire que, pour que
la punition soit légitime, elle a besoin de tom-
ber sur une action dont les effets, en somme
dernière, se lient à une perturbation des rapports
moraux existant dans la société? Je serais plei-
nement de leur avis, et c'est à cette vue fon-

damentale que je rapporte, comme on l'a vu,
la légitimité du droit de punir. Mais telle n'est
pas leur pensée : ils entendent, par une action
immorale, celle qui est directement contraire
à la loi morale dont chacun a en soi le témoignage, celle qui emporte le mal moral au premier chef, celle qui offense tout d'abord la
notion abstraite du bien, celle sur laquelle la
conscience de tous prononce une réprobation
indépendamment des suites qui en résultent
d'une manière plus ou moins éloignée dans la
société. Or exiger ainsi, pour la légitimité du
droit de punir, une action essentiellement
immorale, c'est commettre dans cette matière
la plus déplorable des erreurs, par la confu-
sion que l'on fait de la justice absolue appar-
tenant à Dieu, et de la justice sociale livrée aux
hommes : honnête erreur néanmoins, puisque
c'est en quelque sorte d'un avis inconsidéré de
la conscience qu'elle dérive, et qu'on y tombe
pour s'être préoccupé outre mesure de la moralité absolue des intentions dans une situation

de choses où le relatif amenait d'autres éléments ; mais erreur déplorable aussi et à un
haut degré, je le maintiens; car, munie chez
Kant d'un impérieux dogmatisme, parée chez
M. Rossi de la séduction d'une méthode très
didactique et en apparence très rigoureuse où
le monde pratique des faits semble apporter son
aliment à la théorie, elle a dû contribuer à ré-
pandre de dangereux préjugés et à abuser beaucoup d'intelligences dans un temps où plus que
jamais l'essor séditieux de principes mal compris de liberté a obscurci la notion du devoir
social.

En effet, quel n'est pas l'embarras des publicistes dont je parle, quand ils sont en pré-
sence de cette classe nombreuse de contraventions et de délits où il n'est pas possible, à
moins d'assouplir pour cela les vertèbres les
plus flexibles du sophisme, de découvrir une
action intrinsèquement immorale! Les exemples
des cas auxquels je fais allusion seraient faciles
à multiplier: j'aurais à citer d'abord la plupart

des contraventions de police, dans lesquelles il y a simplement infraction à des règlements établis pour éviter de l'encombrement, de la gêne, de l'insalubrité, des occasions de désordre. A entrer ensuite dans la classe des délits, je demanderais quel mal moral absolu commet celui qui mendie, celui qui traîne sa fantaisie dans le vagabondage, celui qui vend un poison en oubliant d'en faire inscription sur son registre, celui qui débite sans diplôme des médicaments d'ailleurs bien préparés, celui qui détient de la poudre de guerre, celui qui fait le commerce au moyen de la contrebande, celui qui déserte son drapeau pour venir soigner les vieux jours d'une mère souffrante, celui qui se constitue en état de banqueroute parce qu'il aura omis de tenir régulièrement les livres de son négoce, etc. La liste de pareils délits serait longue à épuiser ; beaucoup d'autres seraient à ajouter au mendiant, au vagabond, au contrebandier, au déserteur, au pharmacien non titré, au détenteur de poudre, au banqueroutier, et pour aucun on

ne verrait le cas d'une action commise à mauvais escient avec le dessein arrêté de violer un
des préceptes de la loi morale. Je sais bien qu'à
prendre l'événement par les suites et à constater ce que l'intérêt général de la société en reçoit
d'atteintes, on n'aura pas de peine à en faire
ressortir un trouble dans des rapports moraux
et à marquer ainsi d'une immoralité *ex effectu*
l'action commise; mais, encore une fois, là n'est
pas la question, et par une subtilité on n'é-
chappe pas à la saine logique. Ce que les auteurs que je réfute prétendent, c'est que nulle
peine ne peut être édictée par la puissance
sociale, si ce n'est contre un acte réellement
immoral en soi; tandis que je crois avoir prouvé,
à l'encontre de leur sentiment, qu'avec l'adhé-
sion universelle le législateur punit des actions
dans lesquelles n'entre pas cet élément positif
d'immoralité dont ils parlent.

Voici venir surtout un point où la doctrine
que je combats manifeste toute sa défectuosité,
et où celle que j'expose fait expérimenter toute

sa justesse. Je veux parler des délits politiques,
et particulièrement de ceux de la presse.

Quelle est l'idée que l'on donne des délits politiques dans ce système qui veut pour tout délit un acte entaché d'immoralité essentielle? On
ne sait comment faire pour y voir des actes coupables; on se débat là-dessus dans des tortures
d'esprit sans fin. Effectivement, pour trouver le
mal moral, il faut le chercher dans la délibération de conscience qui a présidé à l'acte; du moment où cette délibération apparaît comme pure,
les partisans de la théorie dont nous nous occu-
pons sont irrésistiblement conduits à considérer
l'acte comme exempt de toute critique, de toute
imputabilité légale, et à en effacer tout caractère
possible de délit. Vainement ils s'en défendent:
toute pente logique est un précipice; à la place
des déductions artificieuses et inexactes qu'ils
s'ingénient à faire admettre, la conséquence
naturelle entre de vive force dans les esprits sur
la foi des prémisses qui ont été posées. Voyez s'il
peut en être autrement. Que croyez-vous que

puisse se faire de scrupule sur la criminalité de son action celui qui prend part à un mouvement insurrectionnel ou qui compose et publie un écrit semant la désaffection et la haine contre le pouvoir, dès que vous lui avez persuadé qu'il ne peut y avoir délit que dans des actes intrinsèquement immoraux? Il se tranquillise bien vite sur cette dernière hypothèse, ébloui qu'il est par le prestige d'une sorte d'héroïsme qu'il y aurait à tenter un grand changement dans la forme du pouvoir ou dans l'organisation de la société, et il commence par mettre la morale hors de cause. Vous avez beau alors lui prêcher le devoir social et tâcher de retenir, au nom de cette idée, son obéissance à la loi; cet homme a dû prononcer, d'après votre propre maxime, qu'à défaut d'immoralité intrinsèque il n'y avait point de délit; il ne voit plus dans le devoir social que vous invoquez qu'une création arbitraire du législateur, laquelle est impuissante à changer la nature des choses et à transformer en délit un acte pur d'immoralité radicale; il se fait,

par votre théorie même, le correcteur de la loi,
et ne trouve plus en lui de logique qui contre-
balance son entraînement à l'acte séditieux dont
la société aura à souffrir. Telle est, dans cette
route, l'allure inévitable des esprits. Aussi est-
ce un préjugé trop commun de nos jours, même
parmi ceux à qui les thèses de philosophie sociale sont familières, que de prendre le parti de
l'incrédulité sur le compte de la plupart des délits politiques et de les considérer plutôt comme
une déclaration violente, comme un acte de des-
potisme, comme un *væ victis* de la loi, que
comme une expression légitime de la justice sociale. Un ravage profond en est descendu dans
les intelligences : l'erreur n'a trouvé que pro-
phètes, jusque chez ceux qui croyaient mar-
cher à la défense de la société et qu'un talent
incontestable rendait dignes de cette mission.
Rien n'est pire que l'influence d'une vérité per-
vertie; nulle force n'est plus désastreuse que
celle qui, travaillant au bien, s'emploie pour le
mal.

Il n'y a plus lieu au contraire à cette erreur si funeste sur la nature des délits politiques, et au parti commode que des têtes égarées peuvent prendre de secouer à cet égard l'obéissance à la loi, quand on a replacé sur sa véritable base la théorie du droit de punir, ce qui rend les délits politiques et tous les autres délits égaux en légitimité devant la justice sociale. Lucide et bienfaisante vérité, dont il faudrait pouvoir pénétrer les esprits, que cette distinction de la justice absolue ou de Dieu, à qui appartient le jugement moral de nos actions dans leur rapport avec l'ordre universel, et de la justice sociale ou des hommes, à qui est simplement dévolu le jugement de nos actions dans leur rapport avec l'ordre de la société à maintenir! Combien, dès-lors, la notion du devoir social est simple et fermement consacrée! On voit rentrer dans le domaine de la loi ce qu'une doctrine vicieuse en laissait trop aisément sortir : tout prétexte aux fausses opinions disparaît, sitôt qu'on a compris que tout délit n'est délit qu'à cause de la perturbation qui en résulte dans la société. On ne se demande plus s'il faut, pour être coupable vis-à-vis de la société, une de ces actions où le mal moral absolu empreint un sceau détesté de toutes les consciences ; le mal moral, on le laisse à son juge naturel, à Dieu. On reconnaît que la société a droit, rigoureusement droit, divinement droit de punir tout ce qui porte du désordre dans le mécanisme de son existence. Le mal social, voilà ce qu'on trouve être la matière unique du délit. A ce point de démonstration, il est facile de s'expliquer que les délits politiques ont la nature de tous les autres et que, vis-à-vis de la justice sociale et de son but limité, il ne saurait y avoir de ces délits aux autres de sérieuse différence que dans l'inégalité du trouble qu'ils causent à la société. Dites si vous reconnaissez au législateur de votre pays mission légitime pour apprécier à quelles conditions l'ordre de la société peut et doit être maintenu, et pour faire en conséquence la loi pénale. Toute la question est là. Vous ne pouvez que vous soumettre au législateur, dès que vous l'avez accepté en cette qualité. Que si vous lui refusez la soumission à propos de délits politiques, vous la lui refusez implicitement sur tout : car vous lui ôtez le droit de déterminer à quelles conditions l'ordre social peut être préservé de bouleversement et de ruine , et vous vous mettez en ce cas sur le pied de l'insurrection, vous entrez en état de révolte contre la constitution entière de la société, vous prenez une des plus effroyables responsabilités que l'homme fait par Dieu être sociable puisse jamais prendre. De vous imaginer en effet que vous pourriez déférer au législateur pour tels délits et non pour tels autres , c'est-à-dire vous faire à vous-même des catégories de mal social permises et d'autres défendues, en demeurant dans les termes d'une obéissance raisonnée envers la justice humaine , en gardant honnêtement votre devoir social , ce serait une pitoyable inconséquence que, pour peu que vous y réflé-

chissiez, du moment que vous faites du mal
social le délit, le plus merveilleux entrain de
sophismes n'aurait pas même le mérite de
pallier. A cette vérité donc il faut souhaiter
dans les esprits une large place, que c'est le
mal social qui constitue le délit. Puis, où se
trouvera l'homme dont les yeux soient assez
fermés à l'évidence pour ne pas convenir que
les délits politiques sont, au moins chez nous,
spécifiés dans des faits qui ont une portée per-
turbatrice, qui font brèche aux remparts de la
société, qui recèlent en un mot du mal social?
Est-il besoin d'entrer à cet égard dans de
longs développements ? comme si les légis-
lateurs et les sages d'aucun pays s'y étaient
en aucun temps trompés! comme si la stabilité
du pouvoir n'était pas un des principaux intérêts des sociétés, et plus que jamais dans les
sociétés européennes en possession de gouvernements modérés , qui sont susceptibles de
perfectionnement, et qui réalisent déjà presque
tous pour les citoyens une incontestable liberté

politique! comme si les passions n'étaient pas déchaînées à la poursuite du pouvoir, et que, déçues dans leur ambitieuse espérance, elles reculassent devant l'anarchie! comme si les idées pouvaient être indifférentes, les idées, ces maîtresses du monde des faits, ces canaux d'erreur ou de vérité, ces reflets du ciel ou ces réverbérations de la foudre, et que pour le premier venu à qui il plairait d'attaquer, fût-ce à force ouverte, le gouvernement de son pays, la majorité, l'immense majorité des citoyens tranquilles, dût ne pas prendre garde à l'ébranlement de tout l'ordre social, à l'alarme de toutes les positions acquises, à la souffrance de tous les intérêts, à la menace flagrante de l'anarchie, jusqu'à ce que l'anarchie se fût rendue tout de bon aux vœux des bouches hurlantes qui l'auraient appelée, ou que le goût de ces aventureuses campagnes contre le pouvoir fût passé au dernier fou qui existerait dans la société !

Il faut, quand on lutte contre un préjugé, avoir le courage de tout dire.

Je n'hésite pas à penser qu'il y a autant et sou-
vent plus de danger dans un délit politique que
dans tout autre, cette assertion étant entendue
des cas les plus généraux.

Car, d'abord, il est hors de doute que pour les
délits politiques, à ne parler que des répulsions
de la conscience, le frein est moindre. Tout en
assignant à ces délits leur véritable et haute importance, on ne peut disconvenir que, dans l'ordre de la conscience, le mal moral direct ne pro-
voque plus de répugnance, ne dépende d'un plus
grand devoir violé que le mal simplement social.
Il y a donc, pour les autres délits impliquant des
violations de la loi morale, un frein particulier et
puissant qui manque pour les délits politiques :
c'est le frémissement, l'opposition, la guerre in-
time de la conscience contre le mal moral. L'absence de ce frein laisse une place plus libre aux
illusions par lesquelles on s'abuse sur l'obéissance due aux lois qui formulent des délits politiques ; d'autant plus qu'en ce genre il faut sou-
vent une sagacité peu commune, une intelli-

gence fort nette des causes et des effets, un sens politique vraiment exercé, pour saisir au loin, dans l'enchevêtrement compliqué du mouvement social, le mal qui se réalise à la suite d'un délit politique, et calculer son degré de puissance. De là, pour ces délits, une aggravation de danger.

Que si l'on regarde ensuite à l'étendue des effets, il sera impossible de se dissimuler que les délits politiques, s'attaquant au cœur même du pouvoir, c'est-à-dire à la force d'où se distribue dans les diverses parties du corps social le mouvement et la vie, n'aient ainsi une vaste efficacité de mal avec laquelle entre difficilement en comparaison le mal particulier causé par la plupart des autres délits. On dit, il est vrai, d'un délit commis contre un particulier, que toute la société en souffre et que c'est à la vindicte publique à réagir par une peine pour le châtier; mais cette locution n'enferme raisonnablement pas autre chose que l'idée de l'intérêt qu'a la société tout entière à la répression

du délit ou à l'exercice du droit de punir, parce
que l'impunité des délits consommerait de mort
le corps social. C'est pour les délits politiques
qu'il serait rigoureusement exact d'avancer, que
le corps social tout entier ressent la souffrance
venue à leur suite. Quel est, en effet, l'homme
qui a réfléchi sur les conditions de l'ordre dans
les sociétés, et qui n'a pas vu que la première
était la force et le respect du pouvoir? Sans pouvoir, que serait la société, qu'un faisceau sans
assemblage, qu'une masse flottante d'individus
qui ne seraient plus retenus par rien ? Le pouvoir se fait sentir à chacun des individus de la
société, comme l'attache du faisceau à chacun
des javelots qui le composent. Relâchez le lien,
tout s'en ébranlera. Relâchez le pouvoir, l'effet
en sera réel sur tous. Il est incontestable qu'un
délit politique qui attente au pouvoir, qui le
heurte d'une hostilité hardie, qui le blesse dans
sa force morale ou l'entame dans sa constitution
extérieure, s'ouvre nécessairement, par l'endroit
même où il frappe, une sphère d'activité mal-

faisante que ne peut autour de lui décrire aucun autre délit. Ne craignez pas que quelques
vols, quelques assassinats impunis, toute déplorable qu'en soit assurément l'impunité, ti-
rent à conséquence de renversement pour l'ordre social : ce serait une frayeur peu sensée.
L'horreur instinctive du sang répandu, et la
cause de la propriété servie par le pouvoir, sont
assez fortes pour conjurer tout danger sérieux.
Mais craignez que le pouvoir lui-même n'étale
avec ses plaies sa faiblesse, sous les atteintes
que lui auront portées les délits politiques; car
alors le jeu des ambitieux et la tragédie des mé-
contents commencent, les séditions sont pro-
chaines, l'anarchie n'est pas loin, et personne,
sous les sommets ébranlés et volant en éclats de
la société, ne peut répondre qu'une tête sera
sauve, un bonheur intact, un rapport moral
préservé. Il faut plus d'un siècle en des temps
d'un pouvoir fort et respecté, pour que les délits
de toute sorte produisent autant de malheurs et
de victimes qu'il ne s'en entasse pendant dix

années de discordes civiles. Ainsi se mesurent les effets des délits politiques. Leur trace fume au loin de malédiction, et porte écrit, dans la destruction de l'ordre social, un des plus terribles anathèmes de la Providence. Quiconque, libre de préjugé, a exercé sa raison sur un tel sujet, comprend combien à cette classe de délits un danger suréminent s'attache.

Je ne veux rien outrer toutefois. Comme je l'ai énoncé tout à l'heure, les délits politiques ne supposent pas d'ordinaire la perversité d'intention qui se trouve dans d'autres délits. L'écrivain en révolte contre sa loi politique, en ignorant tout le mal qu'il fait, a cela de commun, jusqu'à un certain point, avec le faux-monnayeur, qui ne se rend pas non plus un compte bien net du ravage que la circulation de la fausse-monnaie peut occasionner dans la société; et si l'on me parlait de l'illusion que l'auteur d'un délit politique peut se faire, en dorant d'un reflet de générosité, de vertu ou de gloire son action, je répondrais qu'il a cela de com-

mun aussi avec beaucoup d'autres délinquants,
tels que le déserteur qui se conserve à la vieillesse d'un père infirme, le banqueroutier qui
met en réserve par des détournements le pain
de sa famille, le violateur de règlements sani-
taires qui brave un cercle de mort pour fuir
vers une épouse adorée, le traître qui croit
servir sa patrie en passant à l'ennemi, etc., etc.;
ce qui n'empêche pas que la désertion, la banqueroute, la violation de la loi sanitaire, la
trahison ne comptent au nombre des plus gra-
ves délits. Ce qu'en cela il faut exactement
considérer, par une séparation de la question
théologique et de la question sociale, c'est que
les intentions ont toujours et en définitive Dieu
pour scrutateur et pour juge, mais que le mal
social, abstraction même faite de la perversité
des intentions, peut toujours à bon droit, et
dans les limites d'une peine équitable, être puni
par la société (H.).

Je ne veux pas non plus passer à côté de
l'objection qu'on ferait à cette théorie, d'asseoir

le fatalisme politique et de profiter au despo-
tisme le plus oppresseur, autant qu'au gouvernement le plus pondéré, le plus tutélaire. Que
l'on m'accorde que le droit social va jusqu'à
ériger en délits tous les faits qui compromettent
l'existence de la société, l'objection cessera de
m'embarrasser. Oui, j'entends que le despo-
tisme, s'il est un gouvernement, ait le droit
de vivre et de se défendre. S'il est un gouvernement, ai-je dit. Ne vaut-il pas mieux qu'un
ordre quelconque subsiste dans la société, que
d'en voir disparaître jusqu'au simulacre? Mais,
reprendrez-vous, il vaut mieux encore qu'un
ordre mauvais fasse place à un autre qui soit bon
et qui relève de l'abjection les destinées humaines : ce sont les délits politiques qui conduiront
là. Eh bien, soit! laissez faire aux actions des
hommes et à la Providence. Il est tout simple
que l'événement juge le mérite des entreprises.
Les révolutions sont des gouvernements qui
étaient tout prêts quand d'autres devaient pé-
rir ; c'est véritablement le droit social qu'elles

exercent, et tout est dit alors sur la légitimité des faits qui les inaugurent. Pour les tentatives contre le pouvoir, qui n'ont fait que ronger sa base sans l'abattre, elles restent nécessairement punissables ; car le droit social, dont le pouvoir est dépositaire, se prononce contre elles. Des esprits superficiels appellent ceci la morale du succès ; ils ne voient pas que c'est le résultat de la nécessité des choses, et que, sans rien préjuger de la morale, la justice sociale ne fait que parer à la destruction de la société. La justice divine, qui pèse les intentions, peut avoir d'autres balances ; mais, sur terre, le délit et le droit de punir n'ont pas d'autre mesure.

J'aurais d'ailleurs bien des choses à dire, sous le rapport moral, sous le point de vue de la justice divine, de l'action de celui qui s'insurge contre la société, au sein de laquelle le fait providentiel de sa naissance l'a appelé à tenir une place. Je combattrais par la morale vraie, la morale facile et prostituée au vœu des partis qui règne de nos jours : je m'en abstiens, parce

que ceci n'est pas de mon sujet. J'ai dû me res-
treindre à indiquer les conditions légitimes de
la justice sociale (K).

Je crois être arrivé, par toutes ces déterminations logiques, à poser avec une sévère précision
la doctrine qui fait l'objet de ce petit écrit. J'ai
voulu connaître philosophiquement la source
du droit de punir et l'étendue de ce droit ; j'ai
vu que ce droit n'était autre qu'une délégation
faite par Dieu aux sociétés pour agir dans un
sens conservateur de leur existence, c'est-à-dire
qu'il tenait à l'institution divine d'une justice
sociale, distincte de la justice absolue et ayant
uniquement pour but de réprimer le mal social.
Cette lumineuse compréhension de mon sujet
m'a montré toutes les erreurs dans lesquelles,
sur cette matière, on était tombé, pour avoir
trop confondu la moralité absolue de nos actions avec leur imputabilité légale, et pour avoir
surtout faussé dangereusement la notion des
délits politiques (L).

Il va sans dire, que tout en faisant du mal

social l'objet du droit de punir, et en sacrifiant ainsi, sous le rapport purement humain, l'importance exagérée que les autres doctrines contemporaines ont donnée au mal moral dans les déterminations de la volonté de l'agent, je ne procède point par élimination du mal moral, puisque c'est du mal de cette espèce qu'on trouve toujours infus dans la perturbation où le mal social se réalise, et qu'il y a immoralité certaine de la part de l'individu, membre d'une société, à faire ce dont cette société doit souffrir. A plus forte raison, n'est-ce point un reproche à m'adresser que de représenter que ma doctrine permettrait de ranger au nombre des délits des actions auxquelles la conscience du genre humain décernerait son plus éclatant suffrage, et qui s'ennobliraient de la plus haute excellence morale. Cette anomalie ne peut pas exister, parce que, grâces à la nature des choses, il n'y a jamais que le bien qui puisse avoir l'efficacité d'une règle, et la démence du législateur est toujours à excepter d'une théorie sur le droit de

punir. Mais je ne m'en dédis point : dès qu'une
action entraîne du mal social, quelle qu'elle
soit dans l'échelle de la moralité, le législateur
a droit de la punir : le vice de cette justice,
s'il en est un, se repare par la justice placée
sous la garde de Dieu.

Un dernier appendice est à donner à l'exposition que je fais de cette doctrine sur le droit
de punir : en examinant la nature des peines,
on va découvrir une irrécusable confirmation
de tout ce que j'ai avancé.

Là encore, et par des traits bien frappants,
se réfléchit la différence qui existe entre la justice absolue à la disposition de Dieu, et la justice sociale dans la main des hommes. La peine,
ai-je dit, est une somme quelconque de souffrance; mais quelle œuvre, dont un Dieu seul
est capable, que de la justement déterminer !
Imagine-t-on ce qu'il faut d'irruption perçante
et infaillible dans les cœurs pour discerner
exactement le motif secret et si enveloppé des
actions, ce qu'il faut de sagesse ineffable pour

arbitrer le degré de mal avec lequel la volonté de l'homme s'est adultérinement unie, ce qu'il faut d'incommunicable perfection pour régler l'expiation de manière à la mettre en harmonie avec l'étendue de la faute? Punir, grand Dieu! punir justement, sans que la sévérité aggrave rien, sans que la miséricorde ôte trop de la peine, n'infliger la souffrance que dans la stricte mesure rendue nécessaire par la réparation de la faute, songe-t-on quelle œuvre plus auguste du Ciel peut être plus au-dessus de nos ignorances? Respectueuse épouvante de la pensée de l'homme, adorez, adorez en cela le mystère de la justice! Certes, il n'y a que Dieu qui puisse déterminer une peine proprement dite, parce qu'il n'y a que lui qui puisse établir la relation juste qui doit exister entre la peine et la faute. On est obligé de reconnaître à la justice absolue ce privilége de pouvoir seule faire remplir à la peine son but naturel, qui est l'expiation, la réparation du mal.

Si nous descendons actuellement à la justice

sociale, nous aurons à constater, sous le rapport des peines, de grandes et instructives différences.

Quel spectacle que celui d'une cour de justice, délibérant sur la peine qu'il convient d'infliger à l'accusé reconnu coupable d'un délit! Vous y verriez siéger des hommes qui ne demandent qu'à de purs sentiments de justice leurs inspirations, qui répugnent à toute faveur, dont rien ne dérange l'impartialité, pour lesquels l'accusé qu'ils ne connaissent point est tout simplement un coupable sous la main de la justice; citoyens éprouvés dans l'exercice intègre des fonctions publiques, et qui sur la pourpre du pouvoir placent la candeur de leurs consciences; vieillards dont les têtes portent la majesté tranquille de l'expérience et des années; jurisconsultes qu'une étude élevée et une longue habitude ont initiés à la connaissance du système entier de nos lois pénales, ainsi qu'à la pondération des peines que les coupables convicts de délits peuvent encourir; et sitôt que pour chacun de ces juges, sages assurément entre les hommes, serait venu le moment d'opiner, de dire son avis sur la peine, de proposer la fixation de celle-ci, ce serait une mêlée générale d'opinions à laquelle vous assisteriez, les uns voulant plus de rigueur, les autres plus d'indulgence, jusqu'à ce que de ces fluctuations de l'assemblée délibérante, ou par des concessions, ou par le moyen final des majorités, fût sortie une décision dont, dans une certaine mesure, le hasard des opinions individuelles aurait seul pu composer la sagesse. C'est là vraiment ce qui nous apprend quelles idées nous avons à nous faire des peines mises à la disposition de la justice sociale. Elles reposent sur une relation tout arbitraire, que le législateur a créée entre un fait dommageable à la société et une certaine somme de souffrance à répartir à l'individu. Elles comportent, de la part du magistrat qui les applique, l'usage d'un certain pouvoir discrétionnaire faillible à un haut degré. L'incertitude est leur essence; nul ne peut dire que la somme de souffrance, par elles infligée, équivaut à la somme de mal qui était à punir. Qu'on se garde donc de croire que ce soit à titre principal d'expiation, de réparation que de telles peines frappent les coupables, puisqu'il n'appartient qu'à Dieu de décréter la peine par laquelle les strictes exigences de l'expiation et de la réparation du mal seront accomplies. Je ne nierai pas, sans doute, que, secondairement et sous un rapport subordonné, l'expiation et la réparation n'entrent dans les effets des peines dont dispose la justice sociale. Mais il est évident que l'office solennel, direct et primitif de ces sortes de peines, n'est pas d'exiger du coupable une expiation et de guérir la trace du mal qu'il a fait, que la justice absolue et la justice sociale diffèrent sur ce point, et que c'est à d'autres idées qu'il faut s'adresser.

Quoi donc! si l'expiation n'est pas le but premier des peines applicables par la justice sociale, que sera-ce?

J'y ai mûrement réfléchi, dans la limite de

 mes forces. Je me suis assuré que le but premier de toute peine, de la part de la justice sociale, c'était l'alarme, l'exemple, l'intimidation.

Notez que je reconnais que les peines ne
peuvent pas être portées à cet excès qui intro-
duirait dans la loi elle-même, et dans les fonctions de la justice sociale, une plus grave
perturbation de rapports moraux que celle
qu'elles auraient pour objet de réprimer, et
qu'ainsi il y a une équité qui force d'en haut
les résolutions du législateur dans leur établissement. Notez aussi que je ne conteste pas
qu'il ne faille, autant que possible, les faire tour-
ner à l'amélioration morale du condamné, pas
plus que je n'ai nié tout à l'heure, qu'elles ne
répondissent à un certain but d'expiation : je
n'ai pas la moindre prétention d'être en cela
exclusif, Dieu m'en garde! et je demande qu'on
ne déshonore pas ma pensée par d'outrageantes
mutilations.

Mais je persiste à tracer, avec une ferme et
entière conviction, cette ligne : les peines ont,

ici-bas, pour but le plus directement assignable,
l'alarme, l'intimidation.

Tout en effet converge à cette vérité, quand
on considère les principes en vertu desquels le
législateur construit le Code des peines.

Il n'est aucun homme d'état, aucun publiciste, aucun jurisconsulte, aucun homme ayant
tant soit peu réfléchi sur les lois de son pays,
qui ne sache que les peines dépendent de considérations diverses entre lesquelles on tient
compte de la facilité qu'il y a à commettre certains délits, et du ferment d'inquiétude que les
délits peuvent jeter dans la société. Plus il y a
lieu de redouter un délit, plus on en élève la
peine. Il en est ainsi du vol domestique, réprimé
plus sévèrement, à cause de la plus grande facilité de son exécution. Il en est ainsi encore du
faux et du vol de grand chemin, qui ne sont
atteints de peines si fortes que parce qu'ils sè-
ment dans la société une défiance, une inquiétude dont il fallait l'affranchir. Les peines crois-
sent donc en raison du danger qu'offrent cer-

tains délits. Or, ce n'est plus mesurer leur échelle à la culpabilité morale de l'agent, et les abaisser ou les élever suivant que dans l'action commise entrera plus ou moins de mal moral absolu ; ce n'est plus se circonscrire dans le cercle de l'expiation, ni travailler à l'amendement moral du condamné, c'est aller au-delà, c'est agir le plus efficacement en faveur de la conservation sociale, c'est poursuivre un but évident d'intimidation. La peine sera, avant tout, menaçante ; elle montera à un degré tel que la pensée du délit, dans ceux qui pourraient être tentés d'y donner exécution, soit contre-balancée par une énergique impression de crainte. Qu'importe que, pour le vol domestique, une tentation trop immédiate puisse atténuer la faute du voleur ? Qu'importe que le faussaire, en falsifiant un titre de peu de valeur, n'ait pas péché par une intention plus criminelle que celui qui aurait commis un vol ou un abus de confiance ? Ce qui importe, c'est que la sécurité des rapports sociaux trouve dans la loi une garantie, et voilà

précisément pourquoi la peine se haussera
alors dans une proportion de sévérité capable
d'opérer une intimidation qui détourne du délit. L'intimidation, certes, se sera produite
comme la qualité dominante et principale de la
peine.

Que l'on se reporte aussi à la sévérité crois-
sante des peines en cas de récidive , on verra
que cette large ascension du châtiment ne serait pas explicable par des raisons prises de la
convenance de l'expiation , puisqu'elle présente
une peine la plupart du temps disproportion-
née avec le fait à punir; on verra de même
qu'elle n'a pas non plus pour objet l'amélioration morale du condamné, ce qui est particulièrement évident quand l'aggravation résultant de
la récidive conduit à l'application de la peine
de mort ; et l'on se convaincra que ce surcroît
énorme de rigueur dont la loi s'est armée n'a
pas d'autre motif que de dresser de toute sa hau-
teur une menace , de faire flotter dans les airs
un avertissement lugubre, d'impressionner vi-

vement les imaginations, et de jeter l'intimidation au-devant du berceau des crimes.

Mais c'est surtout pour la peine de mort que
ce but primordial d'exemplarité et d'intimidation, auquel visent les peines, se révèle d'une
manière éclatante. Les doctrines qui rapportent
le but par excellence des peines à l'expiation ou
à la réformation morale du condamné, traînent
ici toute leur illusion et leur défaite. Pour celle
qui fait de la régénération morale son principe,
un long démenti s'élève contre elle de toute
cette suite de siècles pendant lesquels la justice
sociale, forte de la conscience permanente de
son droit, a exigé le sacrifice de la vie des
grands coupables. Quant à la doctrine de l'expiation, justifierait-elle mieux sur ce point sa
prétention à marquer le but essentiel de la
peine ? Mais qu'est-ce donc que l'expiation et
comment pourrait-on imaginer que, pour une
tête qui roule du haut de l'échafaud, un seul
instant, l'instant suprême a consommé l'expiation de quelqu'un des forfaits révoltants contre

lesquels a dû le plus sévir la justice des hommes ? L'expiation, dans l'idée que s'en fait l'intelligence guidée par le sentiment moral, suppose l'enduration d'une souffrance assez afflictive pour que le mal dont on a été l'auteur soit couvert d'une réparation selon la justice. Or, à ce point de vue, qu'il est difficile de voir dans la peine de mort une véritable expiation ! Quel compte si grand auriez-vous à tenir, comme moyen expiatoire, de ce moment plus court que la moindre atteinte du remords, plus vite passé que la lueur fulgurante de la hache, plus pressé que ne le peut concevoir la pensée, de ce moment qui, économisant pour ainsi dire à l'extrême la douleur, s'abat sur le coupable pour lui enlever soudainement la vie? C'est-à-dire, si je sais le bien découvrir, qu'ici-bas vous ne faites rien expier au coupable, en supprimant devant lui le temps où s'étendrait l'expiation, mais que vous l'envoyez là-haut devant un autre juge qui rendra sur lui un autre arrêt destiné à remplir la mesure exacte de la

justice. Tout homme qui a l'instinct profond de
la justice sera assurément embarrassé de trouver, dans la peine de mort, les conditions
d'une expiation telles que le sens moral les
suggère et que l'intelligence les accepte. Non,
non, ce serait là une trop incomplète expiation
pour donner son caractère le plus vrai à la
peine, et dans la peine qui coupe brusquement
la vie de l'homme, il y a un autre caractère
bien plus saillant, une autre destination bien
plus sûre, une vérité plus explicite, un but plus
clairement manifesté. Demandez-le à ce sentiment de terreur qui envahit toute créature
humaine quand elle songe à la mort ; instruisez-
vous-en à cette épouvante solennelle et funèbre
qui précède notre passage de ce monde dans
un monde ignoré ; recevez-en l'oracle dans la
nuit froide et anticipée dont l'âme éprouve
l'horreur, ou dans les tressaillements inquiets
dont la conscience du juste lui-même se pénè-
tre, aux approches de cet instant dernier où
de la terre tout s'éclipse et s'anéantit. La mort,

voilà le vengeur que la société choisit contre les
grands·crimes, parce que ce vengeur a une face
terrible. La société exploite, contre ses ennemis
les plus dangereux, la plus forte crainte qui les
puisse assiéger ; elle les menace du Ciel, et ce
n'est pas une menace lancée en vain dans les
foules populaires. Contemplez ce flot de peuple
qui s'écoule et bruit d'un murmure confus après
une exécution : vous pouvez être certain qu'il
emporte le sentiment religieux d'une autre justice à laquelle la justice des hommes livre ses
victimes, que par le coup du triangle d'acier
s'est en quelque sorte entr'ouvert pour lui le
ciel où règne la région vraie des expiations, que
ce formidable mystère a gagné tous les esprits,
et que, grâces au tableau sanglant qui restera
dans les imaginations, grâces à l'horreur instinctive de la mort, grâces au pressentiment
impérieux et agité d'une justice qui voile la divi-
nité de ses décrets et de ses châtiments, un
grand ressort aura été mis en action, les volontés morales se seront raffermies, et les principes

conservateurs de la société auront été efficacement soutenus. Il est impossible de ne pas
s'avouer, en réfléchissant sur la peine de mort,
que c'est une peine dont l'intimidation fait le
fond et constitue le but le plus important : toute
illusion qu'on chercherait à se faire à cet égard
recevrait de la conscience un rude démenti, et
ne serait qu'une ironie de mauvaise grâce ou
une fanfaronnade de mauvaise foi contre la
nature.

L'intimidation donc, tel est le but en première ligne des peines. La société oppose une
peine à un délit, comme une alarme s'oppose à
une autre. Voilà l'un des côtés par lesquels la
justice sociale diffère de la justice absolue, qui
seule peut se proposer, en punissant, le but
véritable de l'expiation. Je n'hésite pas à parta-
ger sur ce point le sentiment de Bentham, quoi-
que j'y sois conduit par une autre voie que la
sienne qui est frayée tout simplement dans les
déductions du principe de l'utilité; et je crois
avec ce publiciste, sans vouloir en aucune façon

de tortures et de supplices, que nos institutions sociales n'ont pas assez tiré parti de cette vérité de l'exemplarité, du caractère intimidateur des peines, pour ajouter plus sûrement par des manifestations extérieures, par un éloquent appareil, à leur effet.

Ce qui suit de cette dissertation particulière où je pense avoir établi que le trait principal des peines dont la justice sociale dispose, était l'alarme, l'intimidation, c'est que la doctrine que j'ai développée sur le droit de punir s'y reflète tout entière et y rencontre de nouvelles preuves. Une parenté logique assemble en effet toutes ces idées. Ce sont des vérités qui rayonnent d'une pénétration mutuelle. Si Dieu, par une délégation nécessaire, a investi les sociétés du droit de punir, et que ce droit s'étende à la répression de tout ce qui est mal social, sans qu'il faille, dans l'auteur d'une action nuisible à la société, l'inspiration sciemment immorale qui pourrait l'exposer aux mulctations de la justice absolue; si, en mot, la justice divine et la justice sociale diffèrent en ce que l'une ne punit que le mal moral viciant les intentions, et l'autre punit le mal social répandu dans les faits; si, de la sorte, l'objet limité du droit de punir revient à tracer autour de la société une enceinte de défense, en n'usurpant rien de la justice divine pour le surplus; il n'y a point à s'étonner que le nerf de l'intimidation fasse la nature vraie des peines, et que, par une continuation de la différence qui existe entre la justice du Ciel seule à même de procurer l'expiation, et la justice des hommes s'exerçant dans un but unique de conservation sociale, les peines ne soient, au pouvoir de ceux-ci, que des moyens principalement destinés à effrayer et à contenir, par la peur, dans la règle du bien commun.

J'ai ainsi terminé l'exposition de mes idées sur le droit de punir (M).

Il ne me reste plus qu'à poser des réserves catégoriques, ou plutôt qu'à faire de nettes déclarations qui puissent rendre un peu plus difficile à une certaine secte de critiques de se servir, contre cet écrit, d'arguments injustement pris dans le vif de la conscience et calomniant ce qu'ils ont à tâche de réfuter.

Je déclare que je fais une différence très grande des délits selon le mal moral qu'ils renferment, et que ceux dans lesquels se produit le mal moral absolu, ou la violation d'un précepte immédiat de la conscience, sont pour moi à un degré infini au-dessus de ceux où domine exclusivement ou presque exclusivement le mal social. Mais ce n'est là qu'une importance relative dans le système religieux des devoirs, dont la théorie que j'ai déroulée ne reçoit aucune contradiction.

Je déclare aussi qu'une loi peut se tromper, et, lorsqu'elle compose un délit, ériger en mal social ce qui véritablement n'en est pas un. Mais ceci n'ébranle pas davantage les fondements de ma doctrine, les hommes n'ayant pas encore trouvé le moyen de surmonter les imperfections de leur nature, et de donner à des principes vrais d'infaillibles applications (N).

Je ne m'en suis pas moins expliqué le droit de punir et l'objet de la justice sociale.

Je souhaite que ces méditations, sur un des points les plus importants de la philosophie du droit et de la politique, puissent être utiles à quelques-uns de ceux qui les liront, et rasséréner leur intelligence autant qu'elles laissent de calme conviction dans la mienne.

NOTES.

NOTES.

NOTE A.

Salus populi suprema lex esto.

Cette maxime fondamentale de la politique se retrouve dans les systèmes les plus différents. Montesquieu y rapporte le changement des formes politiques des états (*Esprit des lois*, liv. 26, chap. 23). Puffendorf en fait la règle des devoirs du souverain (*Droit de la nature et des gens*, liv. 7, chap. 9, § 5). Hobbes lui-même, suivant la judicieuse observation de M. Isambert (*Tableau des progrès du droit public*, pag. 157), a su la plier, toute populaire qu'elle est, à l'usage de son prince.

Elle a pourtant ses adversaires.

La question n'est pas de savoir si l'on ne peut en abuser; la question est de savoir si elle est vraie.

Barbeyrac, dans ses Notes sur Puffendorf, embrasse l'opinion que cette maxime n'a rien d'opposé au droit naturel, ni aux préceptes de l'Évangile. Il cite à cet égard la dissertation de Puffendorf, ayant pour titre : *De concordiâ veræ politicæ cum relig. christ.*, et celle de Buddée qui est intitulée : *Concordia religionis christianæ statûsque civilis.*

On peut voir à ce sujet Charron (*De la sagesse*, liv. 3, chap. 2, §4), Bayle (*Dictionn. histor.*, article Elizabeth), Helvétius cité par Rousseau (Notes en réfutation du livre de *l'Esprit*), Paillet (*Droit public*, pag. 959).

NOTE B.

Aristote a dit énergiquement, mais irrespectueusement, que l'homme est un animal politique.

NOTE C.

M. de Bonald a donné cette définition générale de la loi : « La loi est la volonté de Dieu. » (*Législat. primit.*, liv. 2, chap. 2.)

Bossuet a dit dans le même sens : « Elles adorent Dieu en qualité de justice et de règle ! ..... »

NOTE D.

Dominus judex noster, *Dominus legifer noster*, *Dominus rex noster*. (Isaïe, 33. 22.)

NOTE E.

On trouve des vues fort justes sur le droit de propriété dans Portalis (*De l'usage et de l'abus de l'esprit philosophique*, tom. 2, pag. 365), et dans Dugald-Stewart (*Philosophie des facultés actives et morales de l'homme*, tom. 2, liv. 4, supplém. au chap. 2). C'est, à cet égard, le dernier mot de toute bonne philosophie.

Portalis a clairement établi que le droit de propriété, qui prend sa source dans la nature, avait reçu, dans l'état actuel des sociétés, des développements amenés par la civilisation.

Le philosophe écossais a surtout donné à cette idée un haut degré de précision, en distinguant le droit de propriété fondé sur la justice naturelle et celui qui, assis sur des considérations d'utilité, est proclamé par les institutions sociales. Sous ce second point de vue, il s'exprime ainsi : « En même temps qu'un sentiment d'utilité générale assure à la propriété reconnue par la loi le respect qui lui est dû de la part des hommes capables de réflexion, il est admirable de voir que l'habitude et l'association des idées produisent le même effet dans l'esprit de la multitude. »

NOTE F.

Le principe du droit de punir a été très nettement formulé dans l'art. 5 de la fameuse Déclaration des droits de l'homme et du citoyen, placée en tête de la Constitution de 1791, et composée sous l'influence des idées de Mirabeau, Sieyes et Mounier.

On y lit : « La loi n'a le droit de défendre que les actions nuisibles à la société. »

Dumont de Genève fait, à ce sujet, une critique passablement vétilleuse. Il voudrait substituer ces mots : « La loi ne doit défendre... » à ceux ci : « La loi n'a le droit de défendre que...., » attendu que cette dernière rédaction contiendrait dans ses plis un mobile d'insurrection. Mais la maxime, ainsi amendée, lui paraît excellente, et il déclare qu'une législation qui y serait de tout point conforme serait arrivée à toute la perfection possible.

NOTE G.

Montaigne a indiqué la différence des deux justices :

« La justice en soy, naturelle et universelle, est *aultrement réglée* et plus noblement, que n'est cette *aultre justice spéciale*, nationale, *contraincte au besoin de nos polices.* » (*Essais*, liv. 5, chap. 1.)

Cicéron de même :

« *Veri juris, germanæque justitiæ solidam et expressam effigiem nullam tenemus; umbrâ et imaginibus utimur.* » (CICER., *De Offic.*, lib. 3, cap. 17.)

Domat, le jurisconsulte profondément sensé et religieux, qui porta dans le droit la pensée chrétienne introduite par Leibnitz et Pascal dans la philosophie, ne s'y est pas non plus trompé :

« L'Esprit de la Police *étant de régler l'ordre extérieur*, elle s'attache à la recherche et à la punition des crimes, à proportion qu'ils troublent cet ordre; et ainsi, c'est justement qu'elle considère d'une autre manière, et qu'elle relève et venge plus sévèrement les actions qui sont suivies d'un plus grand trouble, que celles qui se bornent à de moindres suites, laissant à l'exactitude de la justice divine le discernement et une plus sévère pur-

tion de ces actions, qui troublent moins l'ordre, *quoi-
qu'elles soient autant ou plus criminelles dans l'inté-
rieur.* » (*Le droit public*, etc., liv. 3, tit. 1.)

NOTE H.

Il est passé parmi les légistes en règle générale, en
aphorisme de la science du droit, que tout délit se compose du fait et de l'intention.

Cette maxime serait au moins fort trompeuse dans sa
généralité. Je voudrais bien qu'on m'expliquât quelle est
l'intention de celui qui commet un homicide par impru-
dence, de celui qui cause un incendie par des feux allu-
més ou des lumières portées sans précaution, etc...

Entendrait-on simplement qu'il ne peut y avoir de délit, si l'action s'est produite sous l'empire d'une force ir-
résistible, *cogente necessitate*, si la spontanéité morale ne
l'a pas précédée, si de la part de l'agent l'intention n'a
pas été librement liée à l'acte ? Rien de plus vrai qu'une
pareille décision ; mais il faudrait changer alors l'énoncé
de la maxime. Dites clairement que, sans liberté de l'action, il n'y a point de délit.

Entendrait-on encore que tout acte, commis par erreur ou *jocandi causâ*, dans des conditions qui excluent

une volonté réfléchie, une pensée sérieuse, ne peut constituer de délit ? Je l'accorde aussi très volontiers, tout en disant qu'il est inutile de faire de ceci une règle, nos lois plaçant toujours l'élément de la volonté dans la définition du délit, pour tous les cas qui auraient pu faire naître quelque incertitude.

Mais les légistes ne s'en tiennent pas à ces données ; outre une volonté libre et un acte sérieux, ils veulent, pour qu'il y ait délit, une intention criminelle.

Criminelle en quoi ?

Contraire à la loi morale ou à la loi positive ?

Si c'est d'une intention contraire à la loi morale qu'on parle, on a évidemment tort. J'ai fait voir que, dans nombre de cas, la loi pouvait punir sans que l'acte eût été le fruit d'une intention immorale. Le mal social, abstraction faite des intentions, doit être réprimé par la loi ; les affaires de la conscience relèvent d'un pouvoir tout autre. La justice, d'ailleurs, va-t-elle se faire entremetteuse de sophismes ? Est-ce qu'un Lacenaire devra échapper aux tribunaux des hommes, parce qu'en volant il se sera imaginé être un profond philosophe ?

Si l'on parle d'une opposition sciemment faite à la loi positive, ce genre d'intention ne doit pas plus être recherché dans les cas particuliers pour en faire dépendre le délit. Car, la société reposant sur la fiction de la notoriété uni-

verselle de la loi, la connaissance des défenses que la loi
pénale renferme est censée acquise à tous les citoyens, et
celui qui contrevient à cette loi est dès-lors toujours sup-
posé le faire avec intention. Voilà la rigueur de la théorie,
sauf ce que dans l'application la conscience du juge peut
se ménager de raisonnable latitude.

Qu'est-ce donc que cette révérendissime sentence des
légistes, que tout délit se compose nécessairement du fait
et de l'intention?

Un piége la plupart du temps.

Défiez-vous de beaucoup des brocards du palais.

NOTE J.

Platon, dans sa *République* (livre 4), censure l'opinion
selon laquelle la justice n'aurait pour objet que d'assurer la
conservation du gouvernement établi. Sa critique est commode, tant qu'il ne considère que l'autorité et les moyens
de la maintenir, et qu'il ne voit pas dans la société autre
chose. Clinias ne harcèle pas l'Athénien d'objections bien
vives, et celui-ci peut à son aise, sous les platanes du
jardin d'Académus, s'enivrer de cette vague apparition
de l'idéal qui passe de ses rêves dans sa pensée.

Mais, divin Platon, qui ne regardez qu'à la justice

d'en haut , avez-vous donc oublié à ce point la caverne , peuplée d'ombres errantes . dans laquelle vous déclariez le genre humain enseveli? Eh quoi! la véritable beauté vous paraît pour nous obscurcie , et vous ne voulez pas que la justice véritable le soit à son tour! Faut-il tant redouter que la justice, qui s'exprime par les lois, tende à conserver le pouvoir de Pisistrate , si c'est lui qui règne , ou le pouvoir de la multitude , si vous parlez de vos temps agités de la guerre du Péloponèse? Est-ce pour cela seulement que cette justice sera constituée , et avec Pisistrate qui dominera , ou le peuple qui pourra gouverner , ne sera-ce pas la même justice qui empêchera de profaner les mystères de Cérès , qui assurera la perception des revenus de l'Attique , qui règlera les différends des marchands du Pirée? Ne profitera-t-elle pas à tous en même temps qu'à Pisistrate ou à Périclès, ou à ceux que l'inconstante Athènes met à la tête des affaires? Et que peuvent faire de mieux les lois que de cimenter ce qui est et de prévenir la désolante mobilité des institutions à laquelle tiennent de si grands maux , pourvu que ces lois soient faites avec intelligence , et qu'elles reposent sur des éléments avantageux au plus grand nombre , qui en assurent la force et la durée? Quoi de plus juste , par Minerve , que d'empêcher le mal fait à l'Etat tout entier?...... etc......

88

J'oserais prendre le rôle trop complaisamment abandonné par l'interlocuteur Clinias.

Aucun moraliste que je sache n'a encore offert une juste
idée du devoir social.

Dans l'examen que l'on a fait des rapports moraux de
l'homme avec ses semblables, on a beaucoup trop con-
sidéré les hommes comme individus isolés, ne tenant les
uns aux autres par aucun lien social et vivant dans cette
désagrégation fabuleuse qu'il a pris fantaisie d'appeler
l'état de nature.

Il est clair que si l'homme a été destiné à vivre en société, c'est-à-dire dans un ordre de choses qui suppose une
hiérarchie et un pouvoir, cette destination produit pour
lui des devoirs d'une nature particulière, et que ces devoirs doivent se déterminer par le but final des relations
qui y donnent lieu. Il ne peut donc pas se faire qu'il n'y
ait pas des devoirs de l'homme envers la hiérarchie et le
pouvoir existant dans toute société. C'est cette idée que
je voudrais voir approfondir.

De grandes vérités, fort utiles pour notre temps, en
sortiraient.

Godwin, dans ses *Recherches sur la justice politique* qui eurent en 1793, de l'autre côté du détroit, une vogue si puissante, touche bien quelque chose de ce sujet ; mais il manque son but en le dépassant. C'est la statue d'airain du vieux stoïcisme qu'il veut refondre. Il compose pour l'homme une loi rigide du devoir social d'après laquelle on se doit tout entier à la société, sans excepter rien de la sphère illimitée du dévouement, ni intérêts, ni affections, ni même foi des serments. L'homme, dans ce système de Godwin, cesse de s'appartenir en propre ; il n'est plus que le *capite nexus* de la puissance sociale, esclave rejeté hors de la nature humaine pour le plus grand profit de l'humanité !

La loi douce du Christianisme sert de correctif à cette philosophie farouche : « Aimez-vous les uns les autres, soumettez-vous aux puissances. »

Il s'agirait de retrancher tout excès, et de donner une forme vraiment philosophique à la notion du devoir social.

NOTE L.

Cicéron a écrit : *Ubi justitia non est, nec jus potest esse.* (De Republ.....)

Bossuet s'est écrié : « Il y a des lois dans les empires

légitimes, contre lesquelles tout ce qui se fait est nul de droit. » (*Politique sacrée....*)

M. Royer-Collard a dit : « Je connais quelque chose de plus odieux et de plus immoral qu'une mauvaise action, c'est de vouloir légitimer ce qui est contre le droit. »

D'autres répètent : « Il n'y a pas de droit contre le droit. »

Sonores équivoques !

Il faut bien savoir ce que c'est que le droit. Le droit n'est pas autre chose que l'ensemble des règles constituées par la justice sociale : le droit est ainsi d'établissement purement humain. Hors du droit, avant le droit, au-dessus du droit, il y a la justice. A examiner une action en elle-même, on peut la trouver juste ou injuste; mais il y a barbarisme, au moins dans la langue philosophique, à dire qu'elle est conforme ou contraire au droit : notre langue porte à ce sujet la trace d'une équivoque, d'une double signification qui se rencontraient déjà dans la langue latine où, selon le jurisconsulte du Digeste, on exprimait aussi, par le mot *droit*, le caractère de nécessité morale : *Nonnunquam jus etiam pro necessitudine dicimus* (*FF.*, 1.12, *de Just. e Jure.*) Bornez les acceptions, pour ne pas confondre les idées. Le droit, simple expression de la justice sociale, se distingue assurément de la justice absolue.

Maintenant, qu'ont voulu dire les publicistes dont nous avons rapporté les propositions?

Qu'il pouvait arriver aux lois humaines de constituer un droit tout-à-fait opposé à la justice?

Oui, sans doute, cela peut arriver, et dans l'histoire les législations en offrent de nombreux exemples.

Mais pourquoi Bossuet ajoute-t-il, que ce qui sera consacré par les hommes de contraire aux préceptes de l'éternelle justice sera *nul*, sera un droit radicalement impuissant et non obligatoire? N'y voyons qu'une erreur que Bossuet a dangereusement couverte de l'autorité de son génie. Que quelqu'un monte donc assez haut pour aller briser, dans l'aire de l'aigle, l'œuf monstrueux qui y est déposé. Ce que les hommes établissent par leurs lois, c'est le droit, le droit *qui oblige toujours*, mais qui n'oblige jamais que dans le rapport des hommes. Voilà ce que l'auteur de la *Politique sacrée* a méconnu; et, pour l'avoir méconnu, il a écrit une page de lamentable durée, qui est destinée à servir de préface à toutes les théories possibles de l'insurrection.

Je sais quelle est la prérogative de la conscience. La désobéissance à des lois violemment injustes peut s'effectuer à tous périls et risques, en devenant une affaire de l'homme à Dieu.

Néanmoins, entourez encore ce point délicat de toutes

les réserves et de toutes les explications qu'il nécessite. Montrez que l'injustice elle-même entre dans le plan de l'ordre, à cause des imperfections humaines; ce qui se vérifie par l'exemple particulier de la prescription. Prouvez que la révolte ne pourrait tout au plus être permise, que devant ce degré colossal d'iniquité qui effacerait les conditions essentielles de l'ordre, et que, sans cela, la loi morale astreint le citoyen à subir le joug, quelque dur qu'il lui paraisse être, des lois. Enseignez la défiance où chacun doit être de sa raison individuelle, pour porter un jugement de condamnation et concevoir une volonté de haine. de ruine, contre un ordre social accepté par le plus grand nombre, puisqu'il subsiste. Annoncez surtout les voies divines qui sont exemptes de violence, et qui peuvent donner cours pacifiquement aux changements les plus fondamentaux dans la société.

Mais gardez-vous bien de dire, qu'il y ait un droit qui soit nul et non obligatoire, parce qu'il serait contre le droit; et si, disant cela, vous vous appelez Bossuet, voilez-vous la face pour la force de redoutable prosélytisme que vous avez donnée à l'erreur.

NOTE M.

Dans le cours de cet écrit, qu'il m'eût été facile d'étendre, je n'ai rien dit de l'éducation.

Au sujet de l'éducation , se présentent à l'esprit des idées qui ont une affinité étroite avec celles que j'ai exprimées, parce que dans un autre cercle philosophique, sous un autre aspect, il est encore question du droit de punir.

Dans la famille, le droit qu'a le père de châtier les fautes de ses enfants provient de la même origine que dans la société le droit de punir. Tous deux sont d'institution divine, par les mêmes raisons ; tous deux impliquent, au même titre, une délégation que Dieu a faite d'une partie de sa justice : ici, c'est au chef de l'Etat ; là, c'est au chef de la famille ; ici et là , c'est pour maintenir un ordre moral , ce que la justice seule peut faire. Nous voyons dans la famille se dessiner la première image de la société ; de même que la société, la famille a besoin d'une autorité qui soit investie de moyens de coërcition. La nature présente à nos yeux, dans cet état embryonnaire de la société , la royauté vénérable du père de famille. L'office de celui-ci sera d'élever , d'initier au bien , de détourner du mal, de corriger ses enfants. Son droit de punir, tempéré par les tendresses du cœur paternel et par la faiblesse si graciable de l'enfance , ne sera qu'un droit de correction qui n'aura pour objet que des châtiments légers à appliquer aux fautes de l'enfant.

Vous remarquerez, à ce propos, que les peines infligées

par le père ou le maître à l'enfant offrent pour trait essentiel de leur efficacité, pour principal ressort de l'éducation, l'alarme qu'elles produisent. Quiconque a observé les enfants sait combien la peur de punitions même les plus légères, et de celles qui ne les atteignent que dans leur amour-propre, impressionne vivement en eux la sensibilité et sert puissamment à appuyer les leçons morales qui pénètrent dans l'intelligence. Le but des punitions dans l'enfance s'identifie ainsi avec celui des peines dans la société, c'est de retenir par le frein de la crainte.

Je ne vois pas pourquoi l'on hésiterait à énoncer des idées si vraies et dont la confirmation se trouve dans l'ensemble harmonieux de tous les rapports de l'homme; car, en même temps qu'une crainte justement appelée *révérentielle* fournit sa base à l'éducation, la crainte des lois pénales sert de support à l'édifice de la société, et la crainte de Dieu fonde la Religion.

NOTE N.

« *Stultissimum illud existimare omnia justa-quæ scita sint in populorum institutis aut legibus.* » (Cicéron.....)

FIN.